화엄경 제71권(입법계품 39-12) 해설

제71권에는 변행외도의 진실행이 나온다.

그때 선재동자가 부동우바이의 무념삼매를 깊이 간직하고 성 동쪽 선득산에 이르니 숲 속에 변행외도가 앉아 있었다.

그는 갖가지 방편과 형상을 나타내어 주위 온갖 종류의 중생들을 교화하고 있었으며 한 물건도 버리지 않는 보살행을 실천하고 있었다. 그러면서 말하였다.

"나는 96종 외도들을 구원하기 위하여 갖가지 생상과 방편으로 중생을 교화하고 있을 뿐 보살의 온갖 공덕행을 알고 있지 못하니 저 광대국 죽향장자(우팔라화)를 찾아가 보라."

하고 길을 안내해 주었다.

선재는 그 말을 듣고 선지식을 뵙는 데는 신명(身命)과 재산을 아끼고 욕락을 탐착해서는 아니 된다는 굳은 신념을 가지고 저 광대국을 향하야 나아갔다.

JN418535

入法界品 第三十九之一
입법계품 제삼십구지일

十二
십이

爾時善財童子於普救衆
이시선재동자어보구중

生妙德夜神所聞菩薩普現
생묘덕야신소문보살보현

一切世間調伏衆生解脫門
일체세간조복중생해탈문

了知信解自在安住而往寂
요지신해자재안주이왕적

靜音海夜神所頂禮其足遶
정음해야신소정례기족요

사경의 공덕은 십만억 부처님께 공양한 것과 같은 공덕이 있습니다.

無數匝於前合掌而作是言
무수잡어전합장이작시언

聖者我已先發阿耨多羅三
성자아이선발아뇩다라삼

貌三菩提心我欲依善知識
약삼보리심아욕의선지식

學菩薩行入菩薩行修菩薩
학보살행입보살행수보살

行住菩薩行唯願慈哀爲我
행주보살행유원자애위아

宣說菩薩云何學菩薩行云
선설보살운하학보살행운

何修菩薩道時彼夜神告善
하수보살도시피야신고선

財言善哉善哉善男子汝能
재언선재선재선남자여능

依善知識求菩薩行善男子
의선지식구보살행선남자

我得菩薩念念出生廣大喜
아득보살념념출생광대희

莊嚴解脫門善財言大聖此
장엄해탈문선재언대성차

解脫門爲何事業行何境界
해탈문위하사업행하경계

起何方便作何觀察夜神言
기하방편작하관찰야신언

善男子我發起清淨平等樂
선남자아발기청정평등락

사경의 공덕은 십만억 부처님께 공양한 것과 같은 공덕이 있습니다.

前 전	處 처	德 덕	永 영	欲 욕	垢 구	欲 욕
救 구	心 심	寶 보	不 불	心 심	清 청	心 심
護 호	我 아	山 산	退 퇴	我 아	淨 정	我 아
心 심	發 발	不 부	轉 전	發 발	堅 견	發 발
我 아	起 기	動 동	心 심	起 기	固 고	起 기
發 발	普 보	心 심	我 아	攀 반	莊 장	離 이
起 기	現 현	我 아	發 발	緣 연	嚴 엄	一 일
見 견	一 일	發 발	起 기	不 불	不 불	切 체
一 일	切 체	起 기	莊 장	退 퇴	可 가	世 세
切 체	衆 중	無 무	嚴 엄	轉 전	壞 괴	間 간
佛 불	生 생	住 주	功 공	位 위	樂 락	塵 진

海無厭足心我發起求一切
해무염족심아발기구일체

菩薩清淨願力心我發起住
보살청정원력심아발기주

大智光明海心我發起令一
대지광명해심아발기령일

切衆生超過憂惱曠野心我
체중생초과우뇌광야심아

發起令一切衆生捨離愁憂
발기령일체중생사리수우

苦惱心我發起令一切衆生
고뇌심아발기령일체중생

捨離不可意色聲香味觸法
사리불가의색성향미촉법

發 발	一 일	難 난	癡 치	起 기	愛 애	心 심
起 기	切 체	衆 중	等 등	令 령	別 별	我 아
令 령	衆 중	生 생	苦 고	一 일	離 이	發 발
一 일	生 생	作 작	心 심	切 체	苦 고	起 기
切 체	出 출	依 의	我 아	衆 중	怨 원	令 령
衆 중	生 생	怙 호	發 발	生 생	憎 증	一 일
生 생	死 사	心 심	起 기	捨 사	會 회	切 체
捨 사	苦 고	我 아	與 여	離 리	苦 고	衆 중
離 리	處 처	發 발	一 일	惡 악	心 심	生 생
生 생	心 심	起 기	切 체	緣 연	我 아	捨 사
老 로	我 아	令 령	險 험	愚 우	發 발	離 리

사경의 공덕은 십만억 부처님께 공양한 것과 같은 공덕이 있습니다.

殿 전	所 소	爲 위	來 래	我 아	衆 중	病 병
屋 옥	謂 위	說 설	皆 개	發 발	生 생	死 사
宅 택	若 약	法 법	受 수	起 기	成 성	等 등
我 아	見 견	令 령	喜 희	令 령	就 취	苦 고
爲 위	衆 중	其 기	樂 락	一 일	如 여	心 심
說 설	生 생	漸 점	心 심	切 체	來 래	我 아
法 법	樂 락	至 지	發 발	衆 중	無 무	發 발
令 령	着 착	一 일	是 시	生 생	上 상	起 기
其 기	所 소	切 체	心 심	成 성	法 법	令 령
了 요	住 주	智 지	已 이	就 취	樂 락	一 일
達 달	宮 궁	地 지	復 부	如 여	心 심	切 체

諸法自性離諸執着若見衆
제법자성이제집착약견중

生戀着父母兄弟姉妹我爲
생연착부모형제자매아위

說法令其得預諸佛菩薩淸
설법령기득예제불보살청

淨衆會若見衆生戀着妻子
정중회약견중생연착처자

我爲說法令其捨離生死愛
아위설법령기사리생사애

染起大悲心於一切衆生平
염기대비심어일체중생평

等無二若見衆生住於王宮
등무이약견중생주어왕궁

懈 해	來 래	多 다	其 기	衆 중	與 여	婇 채
怠 태	忍 인	瞋 진	得 득	生 생	衆 중	女 녀
我 아	波 바	恚 에	入 입	染 염	聖 성	侍 시
爲 위	羅 라	者 자	如 여	着 착	集 집	奉 봉
說 설	蜜 밀	我 아	來 래	境 경	會 회	我 아
法 법	若 약	爲 위	境 경	界 계	入 입	爲 위
令 령	見 견	說 설	界 계	我 아	如 여	說 설
得 득	衆 중	法 법	若 약	爲 위	來 래	法 법
淸 청	生 생	令 령	見 견	說 설	敎 교	令 령
淨 정	其 기	住 주	衆 중	法 법	若 약	其 기
精 정	心 심	如 여	生 생	令 령	見 견	得 득

蜜 밀	者 자	稠 조	明 명	羅 라	亂 란	進 진
若 약	我 아	林 림	暗 암	蜜 밀	我 아	波 바
見 견	爲 위	黑 흑	障 장	若 약	爲 위	羅 라
衆 중	說 설	暗 암	我 아	見 견	說 설	蜜 밀
生 생	法 법	若 약	爲 위	衆 중	法 법	若 약
染 염	令 령	見 견	說 설	生 생	令 령	見 견
着 착	得 득	衆 중	法 법	入 입	得 득	衆 중
三 삼	般 반	生 생	令 령	見 견	如 여	生 생
界 계	若 야	無 무	得 득	稠 조	來 래	其 기
我 아	波 바	智 지	出 출	林 림	禪 선	心 심
爲 위	羅 라	慧 혜	離 리	無 무	波 바	散 산

說法令出生死若見衆生志
설법령출생사약견중생지

意下劣我爲說法令其圓滿
의하열아위설법령기원만

佛菩提願若見衆生住自利
불보리원약견중생주자리

行我爲說法令其發起利益
행아위설법령기발기이익

一切諸衆生願若見衆生志
일체제중생원약견중생지

力微弱我爲說法令得菩薩
력미약아위설법령득보살

力波羅蜜若見衆生愚癡暗
력바라밀약견중생우치암

사경의 공덕은 십만억 부처님께 공양한 것과 같은 공덕이 있습니다.

사경의 공덕은 십만억 부처님께 공양한 것과 같은 공덕이 있습니다.

사경의 공덕은 십만억 부처님께 공양한 것과 같은 공덕이 있습니다.

사경의 공덕은 십만억 부처님께 공양한 것과 같은 공덕이 있습니다.

勤 근	爲 위	愛 애	說 설	若 약	爲 위	智 지
加 가	彼 피	染 염	不 부	見 견	說 설	慧 혜
修 수	說 설	若 약	淨 정	衆 중	法 법	若 약
習 습	大 대	見 견	觀 관	生 생	令 령	見 견
若 약	慈 자	衆 중	門 문	貪 탐	得 득	衆 중
見 견	觀 관	生 생	令 령	行 행	智 지	生 생
衆 중	門 문	瞋 진	其 기	多 다	慧 혜	住 주
生 생	令 령	行 행	捨 사	者 자	見 견	於 어
癡 치	其 기	多 다	離 리	我 아	一 일	諸 제
行 행	得 득	者 자	生 생	爲 위	切 체	方 방
多 다	入 입	我 아	死 사	彼 피	法 법	我 아

者자 我아 爲위 說설 法법 令령 得득 明명 智지 觀관 諸제
法법 海해 若약 見견 衆중 生생 等등 分분 行행 者자 我아
爲위 說설 法법 令령 其기 得득 入입 諸제 乘승 願원 海해
若약 見견 衆중 生생 樂락 生생 死사 樂락 我아 爲위 說설
法법 令령 其기 厭염 離리 若약 見견 衆중 生생 厭염 生생
死사 苦고 應응 爲위 如여 來래 所소 化화 度도 者자 我아
爲위 說설 法법 令령 能능 方방 便편 示시 現현 受수 生생

사경의 공덕은 십만억 부처님께 공양한 것과 같은 공덕이 있습니다.

若見衆生愛着五蘊我爲說
약견중생애착오온아위설

法令其得住無依境界若見
법령기득주무의경계약견

衆生其心下劣我爲顯示勝
중생기심하열아위현시승

莊嚴道若見衆生心生憍慢
장엄도약견중생심생교만

我爲其說平等法忍若見衆
아위기설평등법인약견중

生其心諂曲我爲其說菩薩
생기심첨곡아위기설보살

直心善男子我以此等無量
직심선남자아이차등무량

法施攝諸衆生種種方便教 (법시섭제중생종종방편교)
化調伏令離惡道受人天樂 (화조복령이악도수인천악)
脫三界縛住一切智我時便 (탈삼계박주일체지아시편)
得廣大歡喜法光明海其心 (득광대환희법광명해기심)
怡暢安隱適悅復次善男子 (이창안은적열부차선남자)
我常觀察一切菩薩道場衆 (아상관찰일체보살도량중)
會修種種願行現種種淨身 (회수종종원행현종종정신)

照 조	種 종	種 종	音 음	種 종	種 종	有 유
種 종	種 종	如 여	聲 성	三 삼	種 종	種 종
種 종	諸 제	來 래	海 해	昧 매	方 방	種 종
解 해	佛 불	門 문	具 구	現 현	便 편	常 상
脫 탈	海 해	詣 예	種 종	種 종	入 입	光 광
境 경	得 득	種 종	種 종	種 종	一 일	放 방
得 득	種 종	種 종	莊 장	神 신	切 체	種 종
種 종	種 종	國 국	嚴 엄	變 변	智 지	種 종
種 종	辯 변	土 토	身 신	出 출	門 문	光 광
智 지	才 재	海 해	入 입	種 종	入 입	明 명
光 광	海 해	見 견	種 종	種 종	種 종	以 이

사경의 공덕은 십만억 부처님께 공양한 것과 같은 공덕이 있습니다.

種 종	種 종	種 종	種 종	智 지	諸 제	海 해
如 여	種 종	道 도	莊 장	種 종	解 해	入 입
來 래	佛 불	場 량	嚴 엄	種 종	脫 탈	種 종
命 명	刹 찰	衆 중	雲 운	莊 장	門 문	種 종
從 종	詣 예	會 회	徧 편	嚴 엄	以 이	三 삼
種 종	種 종	集 집	覆 부	虛 허	種 종	昧 매
種 종	種 종	種 종	虛 허	空 공	種 종	海 해
如 여	方 방	種 종	空 공	法 법	門 문	遊 유
來 래	海 해	世 세	觀 관	界 계	趣 취	戲 희
所 소	受 수	界 계	察 찰	以 이	一 일	種 종
與 여	種 종	入 입	種 종	種 종	切 체	種 종

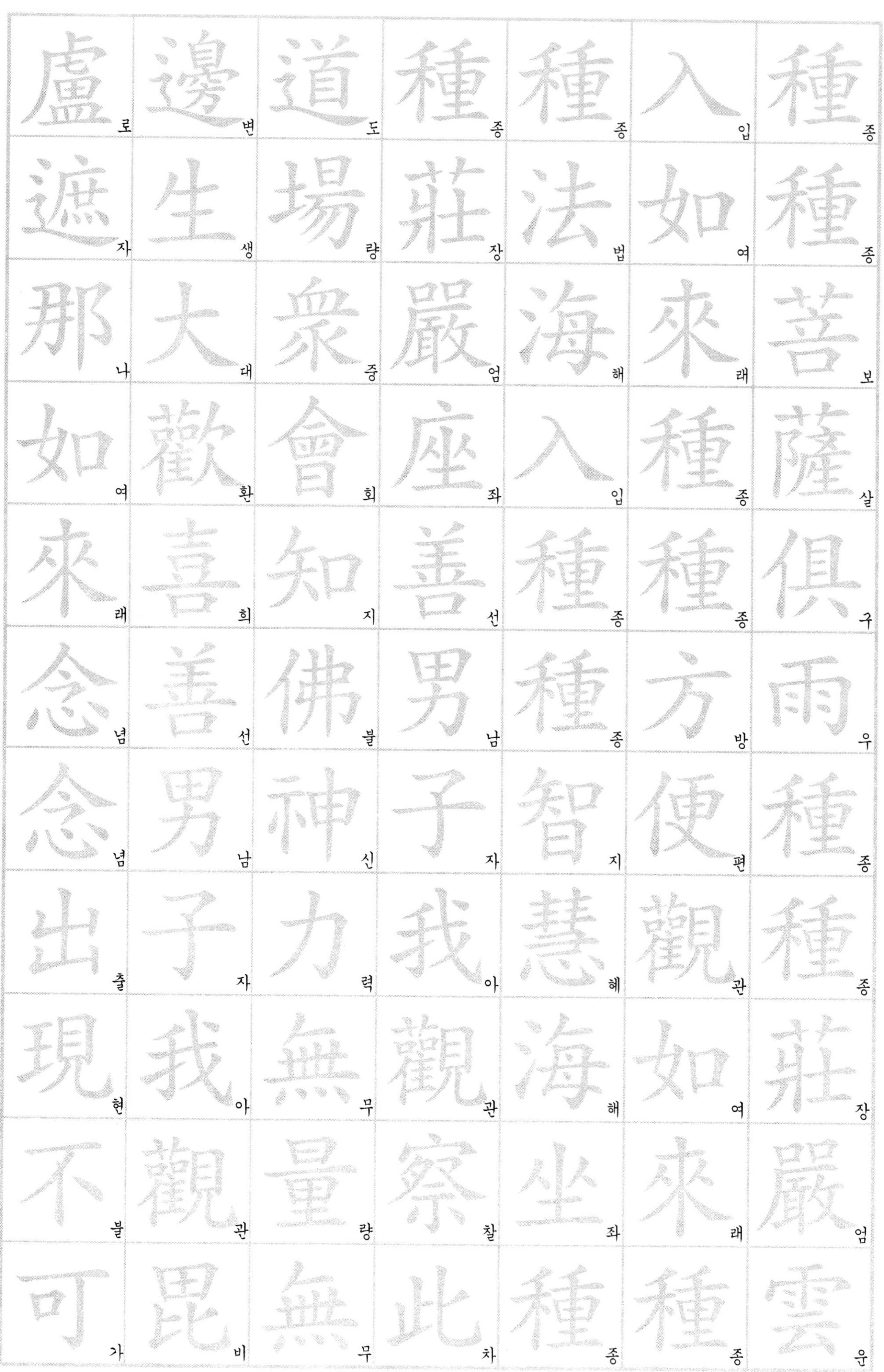
種種菩薩俱雨種種莊嚴雲
入如來種種方便觀如來種
種法海入種種智慧海坐種
種莊嚴座善男子我觀察此
道場衆會知佛神力無量無
邊生大歡喜善男子我觀毘
盧遮那如來念念出現不可

量 량	塵 진	毛 모	已 이	放 방	大 대	思 사
佛 불	數 수	孔 공	生 생	大 대	歡 환	議 의
刹 찰	光 광	念 념	大 대	光 광	喜 희	清 청
微 미	明 명	念 념	歡 환	明 명	又 우	淨 정
塵 진	海 해	出 출	喜 희	充 충	觀 관	色 색
數 수	一 일	現 현	又 우	滿 만	如 여	身 신
光 광	一 일	無 무	見 견	法 법	來 래	旣 기
明 명	光 광	量 량	如 여	界 계	於 어	見 견
而 이	明 명	佛 불	來 래	旣 기	念 념	是 시
爲 위	以 이	刹 찰	一 일	見 견	念 념	已 이
眷 권	無 무	微 미	一 일	是 시	中 중	生 생

屬(속)一(일)一(일)周(주)徧(변)一(일)切(체)法(법)界(계)消(소)滅(멸)
一(일)切(체)諸(제)衆(중)生(생)苦(고)旣(기)見(견)是(시)已(이)生(생)
大(대)歡(환)喜(희)又(우)善(선)男(남)子(자)我(아)觀(관)如(여)來(래)
頂(정)及(급)兩(양)肩(견)念(념)念(념)出(출)現(현)一(일)切(체)佛(불)
刹(찰)微(미)塵(진)數(수)寶(보)焰(염)山(산)雲(운)充(충)滿(만)十(시)
方(방)一(일)切(체)法(법)界(계)旣(기)見(견)是(시)已(이)生(생)大(대)
歡(환)喜(희)又(우)善(선)男(남)子(자)我(아)觀(관)如(여)來(래)一(일)

사경의 공덕은 십만억 부처님께 공양한 것과 같은 공덕이 있습니다.

一毛孔於念念中出一切佛
일모공어념념중출일체불

刹微塵數香光明雲充滿十
찰미진수향광명운충만시

方一切佛刹旣見是已生大
방일체불찰기견시이생대

歡喜又善男子我觀如來一
환희우선남자아관여래일

一相念念出一切佛刹微塵
일상념념출일체불찰미진

數諸相莊嚴如來身雲徧往
수제상장엄여래신운변왕

十方一切世界旣見是已生
시방일체세계기견시이생

大歡喜又善男子我觀如來 (대환희우선남자아관여래)
一一毛孔於念念中出不可 (일일모공어념념중출불가)
說佛刹微塵數佛變化雲示 (설불찰미진수불변화운시)
現如來從初發心修波羅蜜 (현여래종초발심수바라밀)
具莊嚴道入菩薩地旣見是 (구장엄도입보살지기견시)
已生大歡喜又善男子我觀 (이생대환희우선남자아관)
如來一一毛孔念念出現不 (여래일일모공념념출현불)

사경의 공덕은 십만억 부처님께 공양한 것과 같은 공덕이 있습니다.

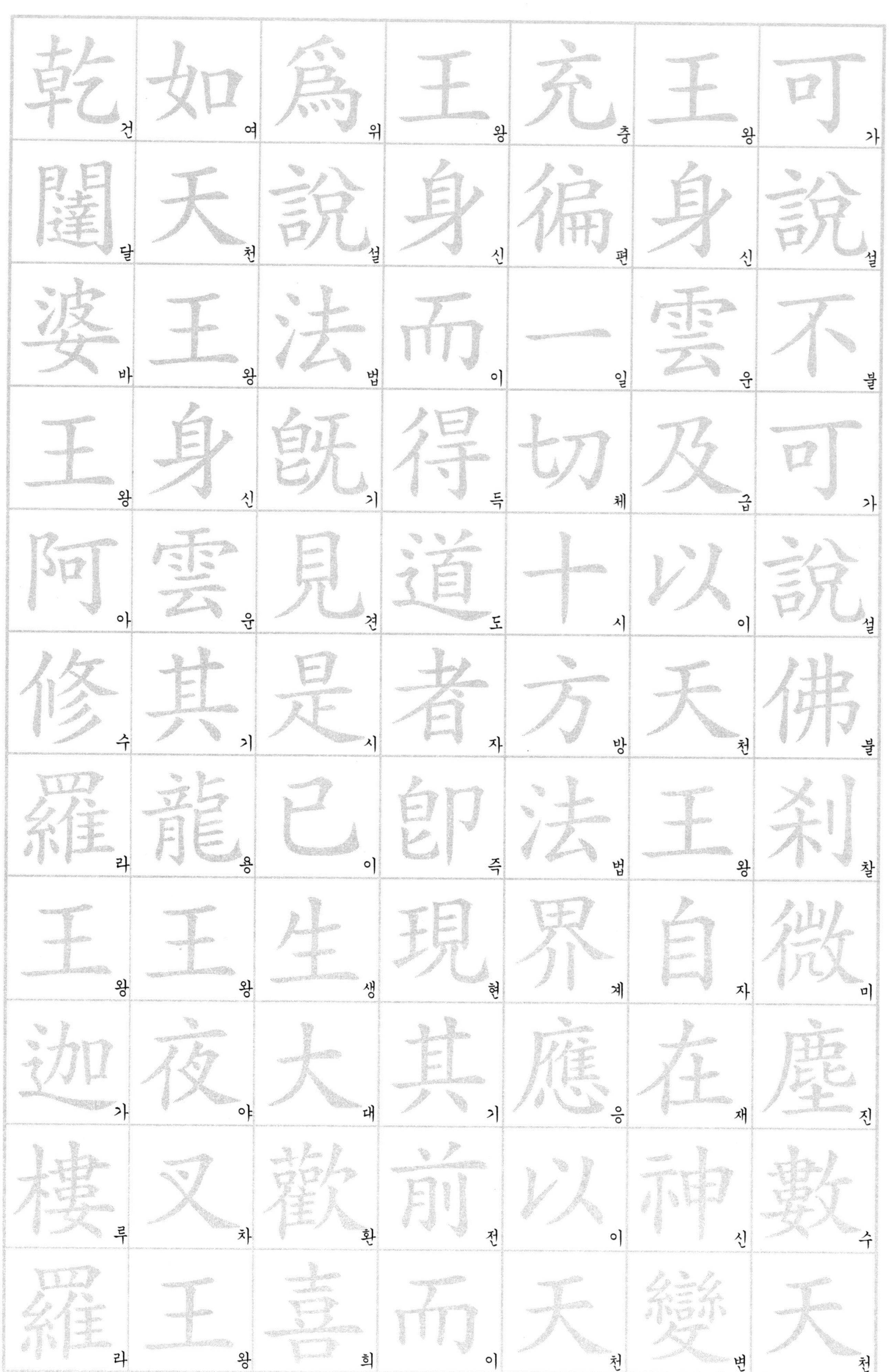
可說不可說佛刹微塵數天
王身雲及以天王自在神變
充徧一切十方法界應以天
王身而得道者卽現其前而
爲說法旣見是已生大歡喜
如天王身雲其龍王夜叉王
乾闥婆王阿修羅王迦樓羅

王緊那羅王摩睺羅伽王人
왕긴나라왕마후라가왕인

王梵王身雲莫不皆於一一
왕범왕신운막불개어일일

毛孔如是出現如是說法我
모공여시출현여시설법아

見是已於念念中生大歡喜
견시이어념념중생대환희

生大信樂量與法界薩婆若
생대신락양여법계살바야

等昔所未得而今始得昔所
등석소미득이금시득석소

未證而今始證昔所未入而
미증이금시증석소미입이

今(금) 始(시) 入(입) 昔(석) 所(소) 未(미) 滿(만) 而(이) 今(금) 始(시) 滿(만)
昔(석) 所(소) 未(미) 見(견) 而(이) 今(금) 始(시) 見(견) 昔(석) 所(소) 未(미)
聞(문) 而(이) 今(금) 始(시) 聞(문) 何(하) 以(이) 故(고) 以(이) 能(능) 了(요)
知(지) 法(법) 界(계) 相(상) 故(고) 知(지) 一(일) 切(체) 法(법) 唯(유) 一(일)
相(상) 故(고) 能(능) 平(평) 等(등) 入(입) 三(삼) 世(세) 道(도) 故(고) 能(능)
說(설) 一(일) 切(체) 無(무) 邊(변) 法(법) 故(고) 善(선) 男(남) 子(자) 我(아)
入(입) 此(차) 菩(보) 薩(살) 念(념) 念(념) 出(출) 生(생) 廣(광) 大(대) 喜(희)

故 고	解 해	際 제	智 지	門 문	此 차	莊 장
此 차	脫 탈	畔 반	性 성	故 고	解 해	嚴 엄
解 해	甚 심	一 일	心 심	此 차	脫 탈	解 해
脫 탈	深 심	切 체	故 고	解 해	無 무	脫 탈
廣 광	寂 적	衆 중	此 차	脫 탈	邊 변	光 광
大 대	靜 정	生 생	解 해	無 무	普 보	明 명
周 주	智 지	心 심	脫 탈	盡 진	入 입	海 해
徧 변	慧 혜	想 상	無 무	等 등	一 일	又 우
一 일	所 소	中 중	際 제	發 발	切 체	善 선
切 체	知 지	故 고	入 입	一 일	法 법	男 남
如 여	境 경	此 차	無 무	切 체	界 계	子 자

사경의 공덕은 십만억 부처님께 공양한 것과 같은 공덕이 있습니다.

來境故此解脫無壞菩薩智
래경고차해탈무괴보살지

眼之所知故此解脫無底盡
안지소지고차해탈무저진

於法界之源底故此解脫者
어법계지원저고차해탈자

卽是普門於一事中普見一
즉시보문어일사중보견일

切諸神變故此解脫者終不
체제신변고차해탈자종불

可取一切法身等無二故此
가취일체법신등무이고차

解脫者終無有生以能了知
해탈자종무유생이능요지

如(여) 幻(환) 法(법) 故(고) 此(차) 解(해) 脫(탈) 者(자) 猶(유) 如(여) 影(영)
像(상) 一(일) 切(체) 智(지) 願(원) 光(광) 所(소) 生(생) 故(고) 此(차) 解(해)
脫(탈) 者(자) 猶(유) 如(여) 變(변) 化(화) 化(화) 生(생) 菩(보) 薩(살) 諸(제)
勝(승) 行(행) 故(고) 此(차) 解(해) 脫(탈) 者(자) 猶(유) 如(여) 大(대) 地(지)
爲(위) 一(일) 切(체) 衆(중) 生(생) 所(소) 依(의) 處(처) 故(고) 此(차) 解(해)
脫(탈) 者(자) 猶(유) 如(여) 大(대) 水(수) 能(능) 以(이) 大(대) 悲(비) 潤(윤)
一(일) 切(체) 故(고) 此(차) 解(해) 脫(탈) 者(자) 猶(유) 如(여) 大(대) 火(화)

사경의 공덕은 십만억 부처님께 공양한 것과 같은 공덕이 있습니다.

乾竭衆生貪愛水故此解脫
者猶如大風令諸衆生速疾
趣於一切智故此解脫者猶
如大海種種功德莊嚴一切
諸衆生故此解脫者如須彌
山出一切智法寶海故此解
脫者如大城郭一切妙法所

사경의 공덕은 십만억 부처님께 공양한 것과 같은 공덕이 있습니다.

莊嚴故此解脫者猶如虛空
장엄고차해탈자유여허공

普容三世佛神力故此解脫
보용삼세불신력고차해탈

者猶如大雲普爲衆生雨法
자유여대운보위중생우법

雨故此解脫者猶如淨日能
우고차해탈자유여정일능

破衆生無知暗故此解脫者
파중생무지암고차해탈자

猶如滿月滿足廣大福德海
유여만월만족광대복덕해

故此解脫者猶如眞如悉能
고차해탈자유여진여실능

神 신	解 해	影 영	應 응	此 차	如 여	周 주
通 통	脫 탈	像 상	爲 위	解 해	自 자	徧 병
華 화	者 자	隨 수	說 설	脫 탈	影 영	一 일
故 고	如 여	衆 중	法 법	者 자	從 종	切 체
此 차	大 대	生 생	故 고	猶 유	自 자	處 처
解 해	樹 수	心 심	此 차	如 여	善 선	故 고
脫 탈	王 왕	而 이	解 해	呼 호	業 업	此 차
者 자	開 개	照 조	脫 탈	響 향	所 소	解 해
猶 유	敷 부	現 현	者 자	隨 수	化 화	脫 탈
如 여	一 일	故 고	猶 유	其 기	出 출	者 자
金 금	切 체	此 차	如 여	所 소	故 고	猶 유

剛(강) 從(종) 本(본) 已(이) 來(래) 不(불) 可(가) 壞(괴) 故(고) 此(차) 解(해)
脫(탈) 者(자) 如(여) 如(여) 意(의) 珠(주) 出(출) 生(생) 無(무) 量(량) 自(자)
在(재) 力(력) 故(고) 此(차) 解(해) 脫(탈) 者(자) 如(여) 離(이) 垢(구) 藏(장)
摩(마) 尼(니) 寶(보) 王(왕) 示(시) 現(현) 一(일) 切(체) 三(삼) 世(세) 如(여)
來(래) 諸(제) 神(신) 力(력) 故(고) 此(차) 解(해) 脫(탈) 者(자) 如(여) 喜(희)
幢(당) 摩(마) 尼(니) 寶(보) 能(능) 平(평) 等(등) 出(출) 一(일) 切(체) 諸(제)
佛(불) 法(법) 輪(륜) 聲(성) 故(고) 善(선) 男(남) 子(자) 我(아) 今(금) 爲(위)

사경의 공덕은 십만억 부처님께 공양한 것과 같은 공덕이 있습니다.

汝說此譬喩汝應思惟隨順
여설차비유여응사유수순

悟入
오입

爾時善財童子白寂靜音
이시선재동자백적정음

海夜神言大聖云何修行得
해야신언대성운하수행득

此解脫夜神言善男子菩薩
차해탈야신언선남자보살

修行十大法藏得此解脫何
수행십대법장득차해탈하

等爲十一修布施廣大法藏
등위십일수보시광대법장

一(일)	轉(전)	廣(광)	徧(변)	德(덕)	戒(계)	隨(수)
切(체)	五(오)	大(대)	思(사)	海(해)	廣(광)	衆(중)
衆(중)	修(수)	法(법)	惟(유)	三(삼)	大(대)	生(생)
生(생)	禪(선)	藏(장)	一(일)	修(수)	法(법)	心(심)
熱(열)	定(정)	趣(취)	切(체)	堪(감)	藏(장)	悉(실)
惱(뇌)	廣(광)	一(일)	法(법)	忍(인)	普(보)	令(령)
六(육)	大(대)	切(체)	性(성)	廣(광)	入(입)	滿(만)
修(수)	法(법)	智(지)	四(사)	大(대)	一(일)	足(족)
般(반)	藏(장)	恒(항)	修(수)	法(법)	切(체)	二(이)
若(야)	能(능)	不(불)	精(정)	藏(장)	佛(불)	修(수)
廣(광)	滅(멸)	退(퇴)	進(진)	能(능)	功(공)	淨(정)

大法藏能徧了知一切法海
대법장능변요지일체법해

七修方便廣大法藏能徧成
칠수방편광대법장능변성

熟諸衆生海八修諸願廣大
숙제중생해팔수제원광대

法藏徧一切佛刹一切衆生
법장변일체불찰일체중생

海盡未來劫修菩薩行九修
해진미래겁수보살행구수

諸力廣大法藏念念現於一
제력광대법장념념현어일

切法界海一切佛國土成等
체법계해일체불국토성등

사경의 공덕은 십만억 부처님께 공양한 것과 같은 공덕이 있습니다.

財 재	增 증	藏 장	若 약	一 일	大 대	正 정
童 동	長 장	則 즉	諸 제	切 체	法 법	覺 각
子 자	積 적	能 능	菩 보	諸 제	藏 장	常 상
言 언	集 집	獲 획	薩 살	法 법	得 득	不 불
聖 성	堅 견	得 득	安 안	無 무	如 여	休 휴
者 자	固 고	如 여	住 주	有 유	來 래	息 식
汝 여	安 안	是 시	如 여	障 장	智 지	十 십
發 발	住 주	解 해	是 시	礙 애	徧 변	修 수
阿 아	圓 원	脫 탈	十 십	善 선	知 지	淨 정
耨 녹	滿 만	淸 청	大 대	男 남	三 삼	智 지
多 다	善 선	淨 정	法 법	子 자	世 세	廣 광

사경의 공덕은 십만억 부처님께 공양한 것과 같은 공덕이 있습니다.

羅三藐三菩提心其已久如
라삼약삼보리심기이구여

夜神言善男子此華藏莊嚴
야신언선남자차화장장엄

世界海東過十世界有世界
세계해동과십세계유세계

海名一切淨光寶此世界海
해명일체정광보차세계해

中有世界種名一切如來願
중유세계종명일체여래원

光明音中有世界名清淨光
광명음중유세계명청정광

金莊嚴一切香金剛摩尼王
금장엄일체향금강마니왕

사경의 공덕은 십만억 부처님께 공양한 것과 같은 공덕이 있습니다.

佛 불	場 량	名 명	雜 잡	妙 묘	爲 위	爲 위
名 명	名 명	普 보	此 차	宮 궁	其 기	體 체
不 불	一 일	光 광	世 세	殿 전	際 제	形 형
退 퇴	切 체	幢 당	界 계	雲 운	住 주	如 여
轉 전	寶 보	國 국	中 중	而 이	於 어	樓 누
法 법	藏 장	名 명	乃 내	覆 부	一 일	閣 각
界 계	妙 묘	普 보	往 왕	其 기	切 체	衆 중
音 음	月 월	滿 만	古 고	上 상	寶 보	妙 묘
於 어	光 광	妙 묘	世 세	淨 정	瓔 영	寶 보
此 차	明 명	藏 장	有 유	穢 예	珞 락	雲 운
成 성	有 유	道 도	劫 겁	相 상	海 해	以 이

來 래	於 어	阿 아	彼 피	德 덕	爾 이	阿 아
功 공	此 차	耨 녹	佛 불	燈 등	時 시	耨 녹
德 덕	時 시	多 다	成 성	光 광	作 작	多 다
海 해	獲 획	羅 라	等 등	明 명	菩 보	羅 라
此 차	得 득	三 삼	正 정	幢 당	提 리	三 삼
道 도	三 삼	藐 약	覺 각	守 수	樹 수	藐 약
場 량	昧 매	三 삼	示 시	護 호	神 신	三 삼
中 중	名 명	菩 보	現 현	道 도	名 명	菩 보
次 차	普 보	提 리	神 신	場 량	具 구	提 리
有 유	照 조	心 심	力 력	我 아	足 족	我 아
如 여	如 여	即 즉	發 발	見 견	福 복	於 어

來(래)出(출)興(흥)於(어)世(세)名(명)法(법)樹(수)威(위)德(덕)山(산)
我(아)時(시)命(명)終(종)還(환)生(생)此(차)中(중)爲(위)道(도)場(량)
主(주)夜(야)神(신)名(명)殊(수)妙(묘)福(복)智(지)光(광)見(견)彼(피)
如(여)來(래)轉(전)正(정)法(법)輪(륜)現(현)大(대)神(신)通(통)卽(즉)
得(득)三(삼)昧(매)名(명)普(보)照(조)一(일)切(체)離(이)貪(탐)境(경)
界(계)次(차)有(유)如(여)來(래)出(출)興(흥)於(어)世(세)名(명)一(일)
切(체)法(법)海(해)音(음)聲(성)王(왕)我(아)於(어)彼(피)時(시)身(신)

사경의 공덕은 십만억 부처님께 공양한 것과 같은 공덕이 있습니다.

次 차	獲 획	夜 야	光 광	地 지	卽 즉	爲 위
有 유	三 삼	神 신	明 명	次 차	獲 획	夜 야
如 여	昧 매	因 인	燈 등	有 유	三 삼	神 신
來 래	名 명	得 득	幢 당	如 여	昧 매	因 인
出 출	普 보	見 견	王 왕	來 래	名 명	得 득
興 흥	現 현	佛 불	我 아	出 출	生 생	見 견
於 어	神 신	承 승	於 어	興 흥	長 장	佛 불
世 세	通 통	事 사	彼 피	於 어	一 일	承 승
名 명	光 광	供 공	時 시	世 세	切 체	事 사
功 공	明 명	養 양	身 신	名 명	善 선	供 공
德 덕	雲 운	卽 즉	爲 위	寶 보	法 법	養 양

사경의 공덕은 십만억 부처님께 공양한 것과 같은 공덕이 있습니다.

須수 彌미 光광 我아 於어 彼피 時시 身신 爲위 夜야 神신

因인 得득 見견 佛불 承승 事사 供공 養양 卽즉 獲획 三삼

昧매 名명 普보 照조 諸제 佛불 海해 次차 有유 如여 來래

出출 興흥 於어 世세 名명 法법 雲운 音음 聲성 王왕 如여

於어 彼피 時시 身신 爲위 夜야 神신 因인 得득 見견 佛불

承승 事사 供공 養양 卽즉 獲획 三삼 昧매 名명 一일 切체

法법 海해 燈등 次차 有유 如여 來래 出출 興흥 於어 世세

사경의 공덕은 십만억 부처님께 공양한 것과 같은 공덕이 있습니다.

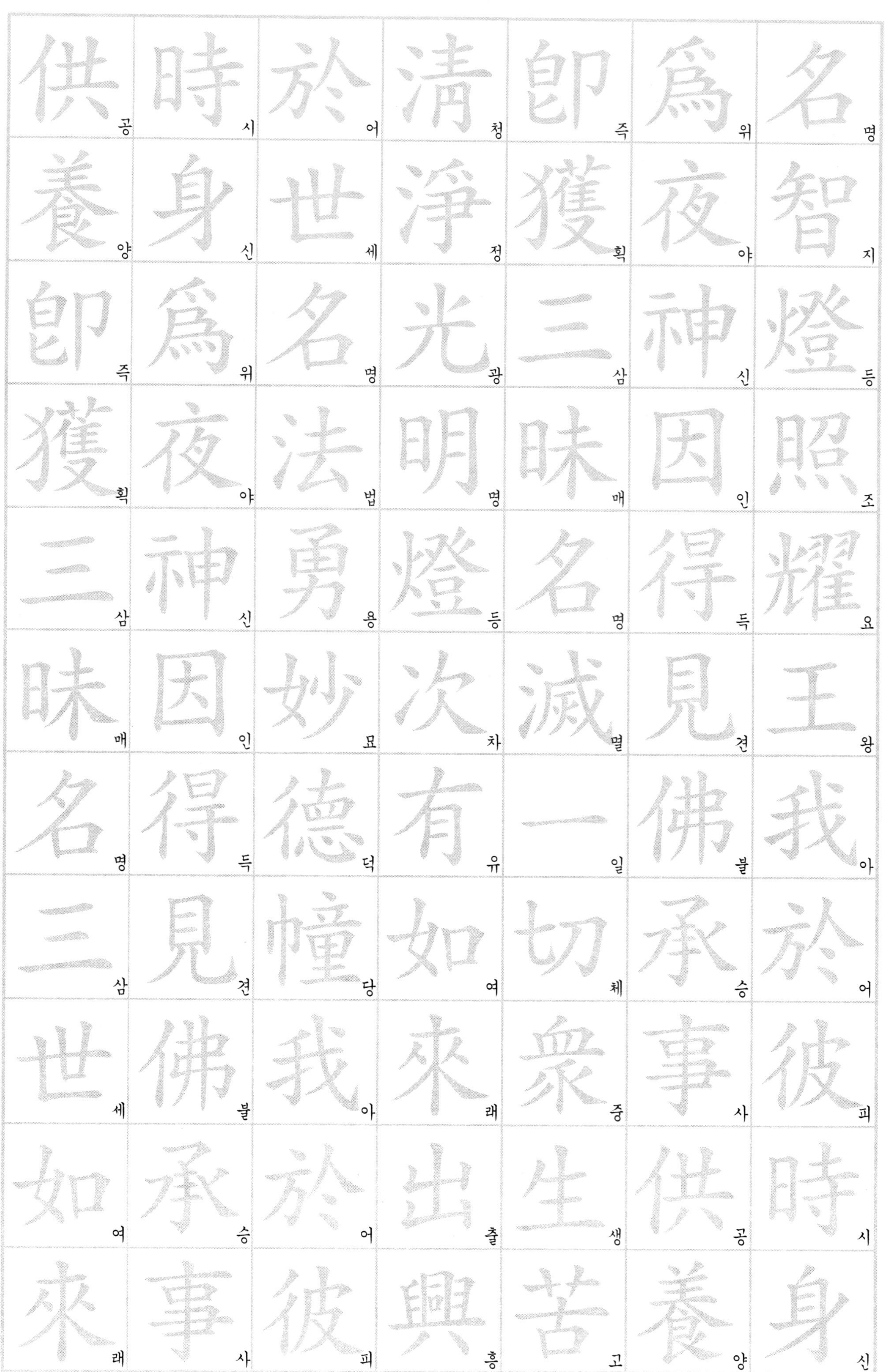

사경의 공덕은 십만억 부처님께 공양한 것과 같은 공덕이 있습니다.

光(광)明(명)藏(장)次(차)有(유)如(여)來(래)出(출)興(흥)於(어)世(세)
名(명)師(사)子(자)勇(용)猛(맹)法(법)智(지)燈(등)我(아)於(어)彼(피)
時(시)身(신)爲(위)夜(야)神(신)因(인)得(득)見(견)佛(불)承(승)事(사)
供(공)養(양)卽(즉)獲(획)三(삼)昧(매)名(명)一(일)切(체)世(세)間(간)
無(무)障(장)礙(애)智(지)慧(혜)輪(륜)次(차)有(유)如(여)來(래)出(출)
興(흥)於(어)世(세)名(명)智(지)力(력)山(산)王(왕)我(아)於(어)彼(피)
時(시)身(신)爲(위)夜(야)神(신)因(인)得(득)見(견)佛(불)承(승)事(사)

사경의 공덕은 십만억 부처님께 공양한 것과 같은 공덕이 있습니다.

供養卽獲三昧名普照三世
衆生諸根行善男子淸淨光
金莊嚴世界普光明幢劫中
有如是等佛剎微塵數如來
出興於世我於彼時或爲天
王或爲龍王或爲夜叉王或
爲乾闥婆王或爲阿修羅王

사경의 공덕은 십만억 부처님께 공양한 것과 같은 공덕이 있습니다.

或(혹)爲(위)迦(가)樓(루)羅(라)王(왕)或(혹)爲(위)緊(긴)那(나)羅(라)

王(왕)或(혹)爲(위)摩(마)睺(후)羅(라)伽(가)王(왕)或(혹)爲(위)人(인)

王(왕)或(혹)爲(위)梵(범)王(왕)或(혹)爲(위)天(천)身(신)或(혹)爲(위)

人(인)身(신)或(혹)爲(위)男(남)子(자)身(신)或(혹)爲(위)女(여)人(인)

身(신)或(혹)爲(위)童(동)男(남)身(신)或(혹)爲(위)童(동)女(녀)身(신)

悉(실)以(이)種(종)種(종)諸(제)供(공)養(양)具(구)供(공)養(양)於(어)

彼(피)一(일)切(체)如(여)來(래)亦(역)聞(문)其(기)佛(불)所(소)說(설)

諸法從此命終還卽於此世
제법종차명종환즉어차세

界中生經佛刹微塵數劫修
계중생경불찰미진수겁수

菩薩行然後命終生此華藏
보살행연후명종생차화장

莊嚴世界海娑婆世界値迦
장엄세계해사바세계치가

羅鳩孫馱如來承事供養得
라구손타여래승사공양득

三昧名離一切塵垢光明次
삼매명리일체진구광명차

値拘那含牟尼如來承事供
치구나함모니여래승사공

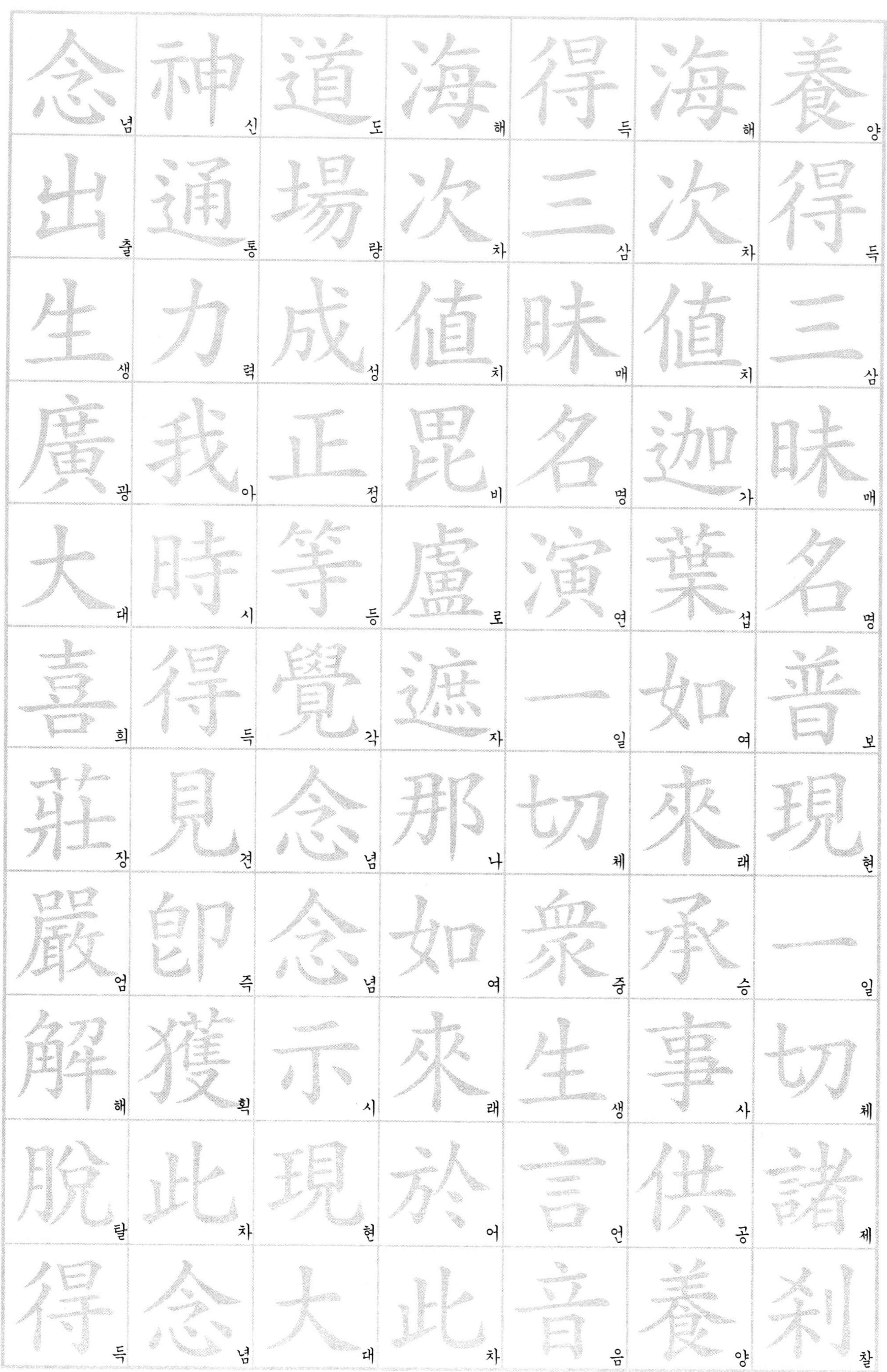

사경의 공덕은 십만억 부처님께 공양한 것과 같은 공덕이 있습니다.

此解脫已能入十不可說不 차해탈이능입십불가설불

可說佛剎微塵數法界安立 가설불찰미진수법계안립

海見彼一切法界安立海一 해견피일체법계안립해일

切佛剎所有微塵一一塵中 체불찰소유미진일일진중

有十不可說不可說佛剎微 유십불가설불가설불찰미

塵數佛國土一一佛土皆有 진수불국토일일불토개유

毘盧遮那如來坐於道場於 비로자나여래좌어도장어

切 체	孔 공	又 우	如 여	界 계	所 소	念 념
法 법	出 출	亦 역	來 래	海 해	現 현	念 념
界 계	變 변	見 견	所 소	亦 역	神 신	中 중
海 해	化 화	彼 피	又 우	見 견	變 변	成 성
一 일	海 해	一 일	亦 역	自 자	一 일	正 정
切 체	現 현	切 체	聞 문	身 신	一 일	等 등
世 세	神 신	諸 제	其 기	在 재	皆 개	覺 각
界 계	通 통	佛 불	所 소	彼 피	徧 변	現 현
海 해	力 력	一 일	說 설	一 일	一 일	諸 제
一 일	於 어	一 일	妙 묘	切 체	切 체	神 신
切 체	一 일	毛 모	法 법	諸 제	法 법	變 변

大 대	海 해	以 이	明 명	尼 니	心 심	世 세
義 의	以 이	自 자	了 료	力 력	轉 전	界 계
以 이	周 주	在 재	智 지	受 수	正 정	種 종
平 평	徧 변	智 지	普 보	持 지	法 법	一 일
等 등	智 지	普 보	入 입	思 사	輪 륜	切 체
智 지	普 보	遊 유	一 일	惟 유	我 아	世 세
普 보	知 지	一 일	切 체	一 일	得 득	界 계
達 달	三 삼	切 체	淸 청	切 체	速 속	中 중
諸 제	世 세	甚 심	淨 정	文 문	疾 질	隨 수
佛 불	諸 제	深 심	法 법	義 의	陀 다	衆 중
無 무	廣 광	法 법	藏 장	以 이	羅 라	生 생

一 일	一 일	一 일	一 일	羅 라	一 일	差 차
切 체	切 체	切 체	切 체	雲 운	一 일	別 별
法 법	法 법	法 법	法 법	一 일	法 법	法 법
流 류	雲 운	品 품	海 해	一 일	門 문	如 여
一 일	一 일	一 일	一 일	修 수	中 중	是 시
一 일	一 일	一 일	一 일	多 다	悟 오	悟 오
法 법	法 법	法 법	法 법	羅 라	解 해	解 해
流 류	雲 운	品 품	海 해	雲 운	一 일	一 일
中 중	中 중	中 중	中 중	中 중	切 체	切 체
出 출	悟 오	悟 오	悟 오	悟 오	修 수	法 법
生 생	解 해	解 해	解 해	解 해	多 다	門 문

사경의 공덕은 십만억 부처님께 공양한 것과 같은 공덕이 있습니다.

一(일)切(체)大(대)喜(희)海(해)一(일)一(일)大(대)喜(희)海(해)出(출)
生(생)一(일)切(체)地(지)一(일)一(일)地(지)出(출)生(생)一(일)切(체)
三(삼)昧(매)海(해)一(일)一(일)三(삼)昧(매)海(해)得(득)一(일)切(체)
見(견)佛(불)海(해)一(일)一(일)見(견)佛(불)海(해)得(득)一(일)切(체)
智(지)光(광)海(해)一(일)一(일)智(지)光(광)海(해)普(보)照(조)三(삼)
世(세)徧(변)入(입)十(십)方(방)知(지)無(무)量(량)如(여)來(래)往(왕)
昔(석)諸(제)行(행)海(해)知(지)無(무)量(량)如(여)來(래)所(소)有(유)

사경의 공덕은 십만억 부처님께 공양한 것과 같은 공덕이 있습니다.

量 량	量 량	無 무	知 지	海 해	施 시	本 본
如 여	如 여	量 량	無 무	知 지	海 해	事 사
來 래	來 래	如 여	量 량	無 무	知 지	海 해
方 방	般 반	來 래	如 여	量 량	無 무	知 지
便 편	若 야	甚 심	來 래	如 여	量 량	無 무
波 바	波 바	深 심	廣 광	來 래	如 여	量 량
羅 라	羅 라	禪 선	大 대	淸 청	來 래	如 여
蜜 밀	蜜 밀	定 정	精 정	淨 정	淸 청	來 래
海 해	海 해	海 해	進 진	堪 감	淨 정	難 난
知 지	知 지	知 지	海 해	忍 인	戒 계	捨 사
無 무	無 무	無 무	知 지	海 해	輪 륜	能 능

사경의 공덕은 십만억 부처님께 공양한 것과 같은 공덕이 있습니다.

量(량)如(여)來(래)願(원)波(바)羅(라)蜜(밀)海(해)知(지)無(무)量(량)

如(여)來(래)力(력)波(바)羅(라)蜜(밀)海(해)知(지)無(무)量(량)如(여)

來(래)智(지)波(바)羅(라)蜜(밀)海(해)知(지)無(무)量(량)如(여)來(래)

往(왕)昔(석)超(초)菩(보)薩(살)地(지)知(지)無(무)量(량)如(여)來(래)

往(왕)昔(석)住(주)菩(보)薩(살)地(지)無(무)量(량)劫(겁)海(해)現(현)

神(신)通(통)力(력)知(지)無(무)量(량)如(여)來(래)往(왕)昔(석)入(입)

菩(보)薩(살)地(지)知(지)無(무)量(량)如(여)來(래)往(왕)昔(석)修(수)

사경의 공덕은 십만억 부처님께 공양한 것과 같은 공덕이 있습니다.

時 시	同 동	昔 석	薩 살	菩 보	菩 보	菩 보
以 이	住 주	爲 위	時 시	薩 살	薩 살	薩 살
無 무	知 지	菩 보	常 상	地 지	地 지	地 지
量 량	無 무	薩 살	見 견	知 지	知 지	知 지
身 신	量 량	時 시	諸 제	無 무	無 무	無 무
徧 변	如 여	盡 진	佛 불	量 량	量 량	量 량
生 생	來 래	見 견	知 지	如 여	如 여	如 여
刹 찰	昔 석	佛 불	無 무	來 래	來 래	來 래
海 해	爲 위	海 해	量 량	昔 석	往 왕	往 왕
知 지	菩 보	劫 겁	如 여	爲 위	昔 석	昔 석
無 무	薩 살	海 해	來 래	菩 보	觀 관	治 치

量如來昔爲菩薩時周徧法
량여래석위보살시주변법

界修廣大行知無量如來昔
계수광대행지무량여래석

爲菩薩時示現種種諸方便
위보살시시현종종제방편

門調伏成熟一切衆生知無
문조복성숙일체중생지무

量如來放大光明普照十方
량여래방대광명보조십방

一切剎海知無量如來現大
일체찰해지무량여래현대

神力普現一切諸衆生前知
신력보현일체제중생전지

無量如來廣大智地知無量
무량여래광대지지지무량

如來轉正法輪知無量如來
여래전정법륜지무량여래

示現相海知無量如來示現
시현상해지무량여래시현

身海知無量如來廣大力海
신해지무량여래광대력해

彼諸如來從初發心乃至法
피제여래종초발심내지법

滅我於念念悉得知見善男
멸아어념념실득지견선남

子汝問我言汝發心來其已
자여문아언여발심래기이

사경의 공덕은 십만억 부처님께 공양한 것과 같은 공덕이 있습니다.

久구 如여 善선 男남 子자 我아 於어 往왕 昔석 過과 二이

佛불 刹찰 微미 塵진 數수 劫겁 如여 上상 所소 說설 於어

淸청 淨정 光광 金금 莊장 嚴엄 世세 界계 中중 爲위 菩보

提리 樹수 神신 聞문 不불 退퇴 轉전 法법 界계 音음 如여

來래 說설 法법 發발 阿아 耨뇩 多다 羅라 三삼 藐먁 三삼

菩보 提리 心심 於어 二이 佛불 刹찰 微미 塵진 數수 劫겁

中중 修수 菩보 薩살 行행 然연 後후 乃내 生생 此차 娑사

사경의 공덕은 십만억 부처님께 공양한 것과 같은 공덕이 있습니다.

有 유	諸 제	界 계	皆 개	劫 겁	孫 손	婆 바
未 미	佛 불	賢 현	如 여	中 중	駄 타	世 세
來 래	一 일	劫 겁	是 시	未 미	佛 불	界 계
一 일	切 체	之 지	親 친	來 래	至 지	賢 현
切 체	世 세	中 중	近 근	所 소	釋 석	劫 겁
諸 제	界 계	供 공	供 공	有 유	迦 가	之 지
佛 불	一 일	養 양	養 양	一 일	牟 모	中 중
悉 실	切 체	未 미	如 여	切 체	尼 니	從 종
亦 역	劫 겁	來 래	於 어	諸 제	佛 불	迦 가
如 여	中 중	一 일	此 차	佛 불	及 급	羅 라
是 시	所 소	切 체	世 세	我 아	此 차	鳩 구

사경의 공덕은 십만억 부처님께 공양한 것과 같은 공덕이 있습니다.

親近供養善男子彼清淨光
친근공양선남자피청정광

金莊嚴世界今猶現在諸佛
금장엄세계금유현재제불

出現相續不斷汝當一心修
출현상속부단여당일심수

此菩薩大勇猛門
차보살대용맹문

爾時寂靜音海主夜神欲
이시적정음해주야신욕

重宣此解脫義爲善財童子
중선차해탈의위선재동자

而說頌言
이설송언

善財聽我說 (선재청아설)
聞已生歡喜 (문이생환희)
我昔於劫海 (아석어겁해)
清淨如虛空 (청정여허공)
我於三世佛 (아어삼세불)
幷及其衆會 (병급기중회)
我昔曾見佛 (아석증견불)

清淨解脫門 (청정해탈문)
勤修令究竟 (근수령구경)
生大信樂心 (생대신락심)
常觀一切智 (상관일체지)
皆生信樂心 (개생신락심)
悉願常親近 (실원상친근)
爲衆生供養 (위중생공양)

我 아	水 수	一 일	老 노	如 여	常 상	得 득
昔 석	火 화	切 체	病 병	是 시	尊 존	聞 문
修 수	及 급	皆 개	貧 빈	無 무	重 중	淸 청
諸 제	王 왕	愍 민	窮 궁	休 휴	父 부	淨 정
行 행	賊 적	濟 제	人 인	懈 해	母 모	法 법

爲 위	海 해	令 령	諸 제	入 입	恭 공	其 기
救 구	中 중	其 기	根 근	此 차	敬 경	心 심
彼 피	諸 제	得 득	不 불	解 해	而 이	大 대
衆 중	恐 공	安 안	具 구	脫 탈	供 공	歡 환
生 생	怖 포	穩 온	足 족	門 문	養 양	喜 희

사경의 공덕은 십만억 부처님께 공양한 것과 같은 공덕이 있습니다.

煩惱恒熾然 번뇌항치연
墮於諸險道 타어제험도
一切諸惡趣 일체제악취
生老病死等 생노병사등
願盡未來劫 원진미래겁
滅除生死苦 멸제생사고
善男子我唯 선남자아유

業障所纏覆 업장소전부
我救彼衆生 아구피중생
無量楚毒苦 무량초독고
我當悉除滅 아당실제멸
普爲諸群生 보위제군생
得佛究竟樂 득불구경락
知此念念生 지차념념생

廣大喜莊嚴解脫如諸菩薩
광대희장엄해탈여제보살

摩訶薩深入一切法界海悉
마하살심입일체법계해실

知一切諸劫數普見一切剎
지일체제겁수보견일체찰

成壞而我云何能知能說彼
성괴이아운하능지능설피

功德行善男子此菩提場如
공덕행선남자차보리장여

來會中有主夜神名守護一
래회중유주야신명수호일

切城增長威力汝詣彼問菩
체성증장위력여예피문보

사경의 공덕은 십만억 부처님께 공양한 것과 같은 공덕이 있습니다.

薩(살)云(운)何(하)學(학)菩(보)薩(살)行(행)修(수)菩(보)薩(살)道(도)

爾(이)時(시)善(선)財(재)童(동)子(자)一(일)心(심)觀(관)察(찰)寂(적)

靜(정)音(음)海(해)主(주)夜(야)神(신)身(신)而(이)說(설)頌(송)言(언)

我(아)因(인)善(선)友(우)教(교) 來(내)詣(예)天(천)神(신)所(소)

見(견)神(신)處(처)寶(보)座(좌) 身(신)量(량)無(무)有(유)邊(변)

非(비)是(시)着(착)色(색)相(상) 計(계)有(유)於(어)諸(제)法(법)

劣(열)智(지)淺(천)識(식)人(인) 能(능)知(지)尊(존)境(경)界(계)

世間天及人 세간천급인
亦不能測度 역불능측탁
遠離於五蘊 원리어오온
永斷世間疑 영단세간의
不取內外法 불취내외법
清淨智慧眼 청정지혜안
身爲正法藏 신위정법장

無量劫觀察 무량겁관찰
色相無邊故 색상무변고
亦不住於處 역부주어처
顯現自在力 현현자재력
無動無所礙 무동무소애
見佛神通力 견불신통력
心是無礙智 심시무애지

사경의 공덕은 십만억 부처님께 공양한 것과 같은 공덕이 있습니다.

旣得智光照 (기득지광조)
心集無邊業 (심집무변업)
了世皆是心 (요세개시심)
知世悉如夢 (지세실여몽)
諸法皆如響 (제법개여향)
爲三世衆生 (위삼세중생)
而心無所住 (이심무소주)

復照諸群生 (부조제군생)
莊嚴諸世間 (장엄제세간)
現身等衆生 (현신등중생)
一切佛如影 (일체불여영)
令衆無所着 (령중무소착)
念念示現身 (념념시현신)
十方偏說法 (시방변설법)

無(무)邊(변)諸(제)刹(찰)海(해) 悉(실)在(재)一(일)塵(진)中(중)
佛(불)海(해)衆(중)生(생)海(해) 此(차)尊(존)解(해)脫(탈)力(력)

時(시)善(선)財(재)童(동)子(자)說(설)此(차)偈(게)已(이)頂(정)
禮(례)其(기)足(족)遶(요)無(무)量(량)匝(잡)殷(은)勤(근)瞻(첨)仰(앙)
辭(사)退(퇴)而(이)去(거)

사경의 공덕은 십만억 부처님께 공양한 것과 같은 공덕이 있습니다.

發 願 文

귀의 삼보하옵고

거룩하신 부처님께 발원하옵나이다.

주　소 :

전　화 :　　　　불명 :　　　　성명 :

불기 25　　년　　월　　일